Texto de Eliseo García

Ilustraciones de Moni Pérez

Edición a cargo de Ana Delgado

Impreso en papel procedente de bosques sostenibles.

© SUSAETA EDICIONES, S.A.
C/ Campezo, 13 - 28022 Madrid
Tel.: 91 3009100 - Fax: 91 3009118
Impreso y encuadernado en España
www.susaeta.com

D.L.: M-3353-MMXIII

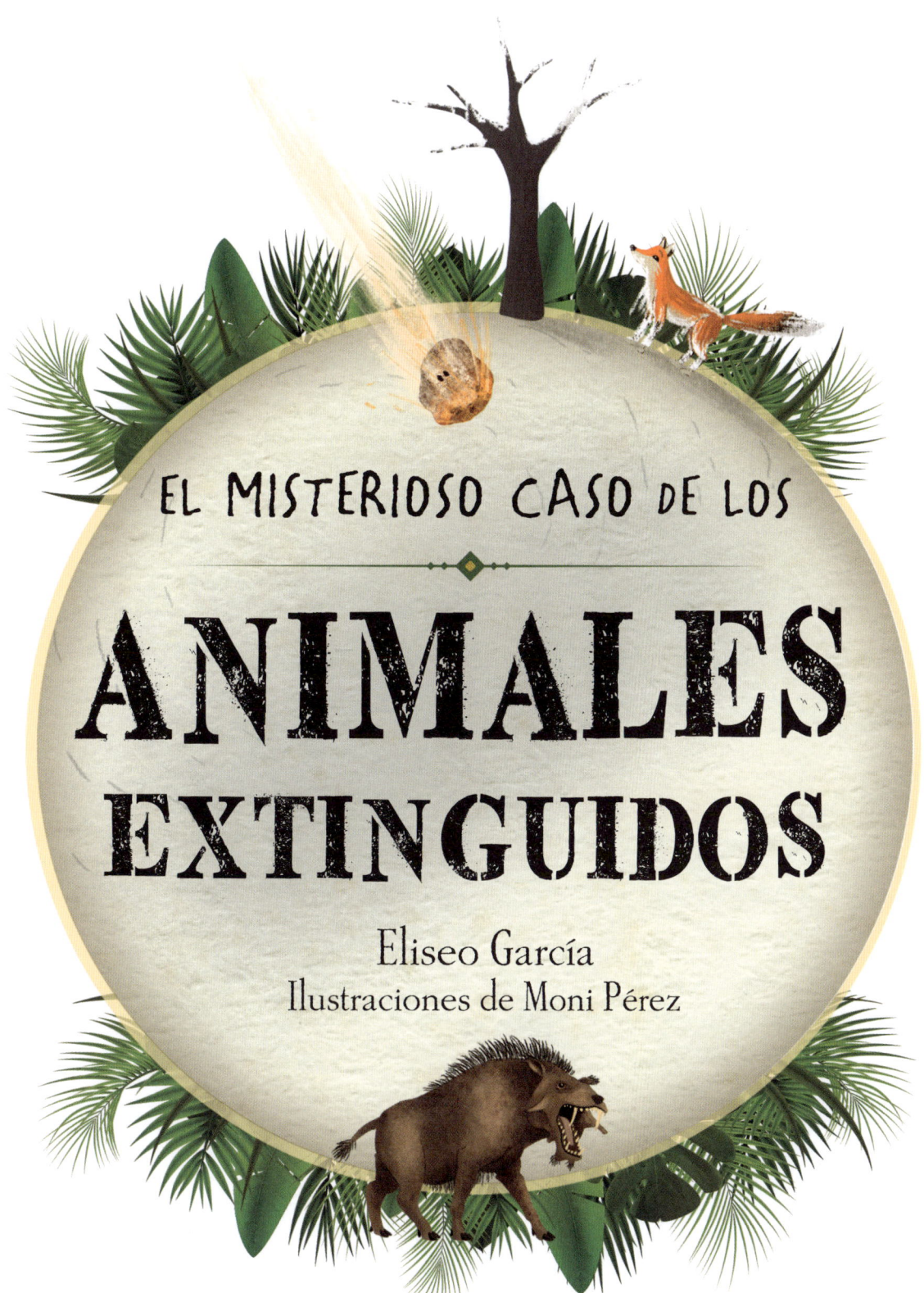

EL MISTERIOSO CASO DE LOS

ANIMALES EXTINGUIDOS

Eliseo García
Ilustraciones de Moni Pérez

susaeta

Sumario

EL MISTERIOSO CASO

DE LAS ESPECIES DESAPARECIDAS

Si miras a tu alrededor, verás animales y plantas que parecen haber existido siempre. Así pensaba todo el mundo, hasta que se descubrió que han vivido muchísimos más seres de los que podamos imaginar... ¡y que desaparecieron! Y eso no es todo: los que pueblan el planeta ahora puede que también se esfumen algún día. ¿Por qué? ¿Te gustaría investigar este misterio?

UN CASO FRECUENTE

La clave está en la *EXTINCIÓN*: la desaparición de todos los miembros de una especie. Y ocurre sin cesar desde que surgió la vida hace unos 4200 millones de años. La cantidad de especies vivas es enorme: solo en el reino animal hay catalogadas 1,25 millones, y se cree que hay diez veces más por descubrir. ¡Pero son muchas más las especies extinguidas! Se calcula que han existido alrededor de 30 000 millones de especies.

ALGUNAS ESPECIES DESAPARECEN DESPACITO...

La extinción suele ir despacio; ¡normalmente tarda millones de años! Además, en condiciones normales no desaparecen muchos seres de la misma clase a la vez. Por ejemplo, hay unas 5500 especies de mamíferos, y lo normal sería que se perdiese una cada 700 años, más o menos. Esa desaparición lenta es la más común y se llama *EXTINCIÓN DE FONDO*.

MAMÍFEROS 1-2 m.a.

ANIMALES MARINOS 4-5 m.a.

INVERTEBRADOS 10-11 m.a.

ESPERANZA DE VIDA DE LAS CLASES ANIMALES:

¿Cuánto tiempo puede durar una clase de mamíferos, de animales marinos o de invertebrados antes de extinguirse?

m.a. = millones de años

... OTRAS, DE GOLPE

Sin embargo, catástrofes como erupciones volcánicas, cambios climáticos, impactos de asteroides, etc., son capaces de acelerar las extinciones. Al menos en cinco ocasiones desaparecieron más de tres cuartas partes de especies en poco tiempo. Esos episodios se denominan *EXTINCIONES MASIVAS*.

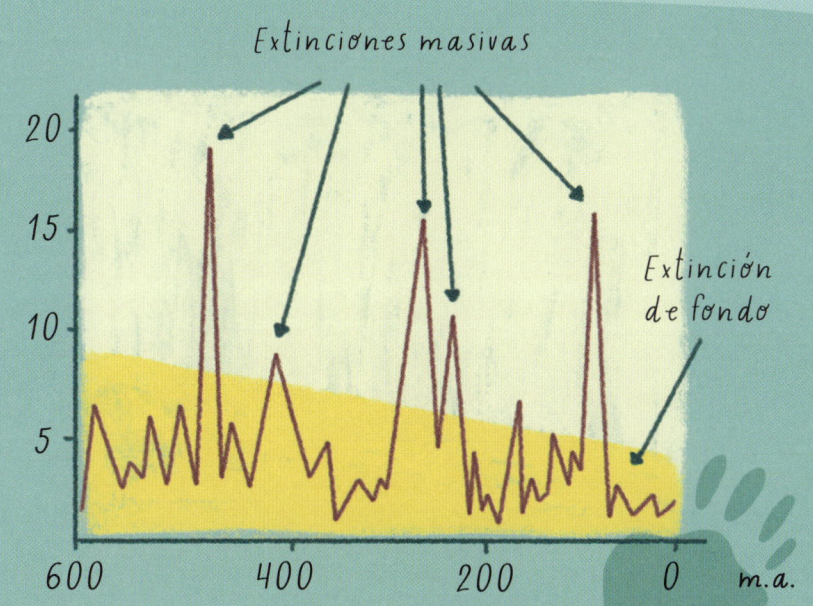

Extinciones masivas

Extinción de fondo

PRUEBAS: *LA EVOLUCIÓN*

La extinción es una consecuencia inevitable de la evolución, aunque durante mucho tiempo no se supo que ambas cosas estaban relacionadas. Primero **GEORGES CUVIER** verificó que las especies desaparecen. Luego **CHARLES DARWIN** explicó que el motivo es la selección natural: todos los seres vivos deben evolucionar o morir.

EL CREACIONISMO

Durante siglos —antes de que la ciencia demostrase que era una idea equivocada—, en Occidente dominó la *DOCTRINA DE LA BIBLIA*, según la cual un dios todopoderoso creó a todos los seres vivos con su forma actual. Durante mucho tiempo, poner esta idea en duda se castigó con prisión y muerte.

SEÑALES DE LA EXTINCIÓN

La *ANATOMÍA* no tenía secretos para Georges Cuvier; él podía describir un animal desconocido solamente a partir de fragmentos de hueso. En su época (siglo XVIII) se creía que los fósiles eran restos de seres que no se conocían porque vivían ocultos, pero, al observar los restos de un mastodonte, a Cuvier le pareció imposible que una bestia similar a un elefante pudiera esconderse. En 1796 Cuvier demostró en una conferencia que en el pasado hubo especies que se extinguieron.

LA EVOLUCIÓN

Cuando Cuvier murió en 1832, un joven naturalista llamado Charles Darwin empezaba su vuelta al mundo en barco. Recopiló muestras que estudió durante casi 30 años para probar que todas las especies provenimos de *UN SOLO ANTEPASADO COMÚN* a partir del cual evolucionamos.

Las condiciones de vida en la Tierra se modifican sin cesar: se alteran el terreno y el clima, brotan epidemias, surgen competidores... Ello obliga a sus habitantes a variar de forma y comportamiento para *ADAPTARSE*. Los que lo logran, sobreviven y siguen cambiando hasta convertirse en nuevas especies: eso es evolucionar. Y, si no lo consiguen, se extinguen. Darwin llamó a ese mecanismo *SELECCIÓN NATURAL*

Solo el animal con el cuello más largo sobrevive a la sequía y la escasez de pastos. Puesto que el cuello largo ha resultado ser bueno, su descendencia nace ya adaptada.

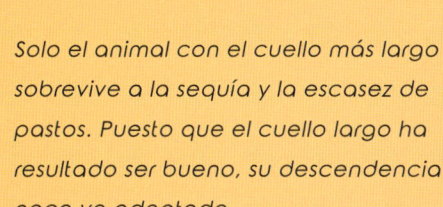

«*La aparición de formas nuevas y la desaparición de formas viejas están ligadas entre sí*».

Darwin

11

TESTIGOS:
FÓSILES y MOMIAS

Los **FÓSILES** son restos de seres que, al morir, quedan sepultados por lodo, arena, cenizas... Al descomponerse, las partes duras, como huesos y conchas, dejan un hueco que se va rellenando con minerales, y se endurecen en piedra. Son los fósiles más habituales. Pero es muy raro que se formen; ¡solo se fosiliza un individuo de cada 1000 millones!

Fósil de trilobite

Algunos seres quedaron cubiertos por material tan blando que dejaron una impronta (una marca) de su cuerpo aunque no tuviesen partes duras. También así se conservaron **ICNITAS** (huellas fosilizadas).

Impronta de helecho

Huella de dinosaurio

Los **ESTROMATOLITOS** son restos minerales originados por cianobacterias, unos seres unicelulares que existen desde hace muchísimo. Hay estromatolitos de hace 3700 millones de años, ¡los fósiles más antiguos!

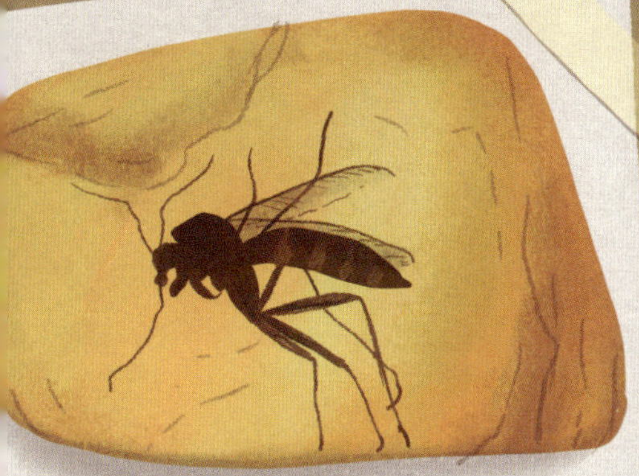

Insectos y otros organismos pequeños murieron atrapados en *RESINA* de árboles, fosilizada en forma de *ÁMBAR*. ¡Se conservan intactos!

También se conservan de maravilla animales fallecidos durante la última era glacial en zonas que siguen congeladas. Estos y los insectos del ámbar son auténticas *MOMIAS*.

MOTORES DE LA CIENCIA

Los fósiles nos fascinan desde la antigüedad.
Dieron origen a dos ciencias: la geología y la paleontología.

GEOLOGÍA

Indagando sobre el origen de los fósiles de tiburón, Niels Steensen (Nicolás Steno) descubrió que el suelo se forma con capas de material que se van superponiendo, como una lasaña. Dado que esas capas se fueron formando por orden temporal, se puede calcular su edad y la de sus fósiles (y viceversa). Así nació en 1668 la Geología, que *ESTUDIA LA HISTORIA DE LA TIERRA*.

PALEONTOLOGÍA

La sabiduría anatómica de Georges Cuvier le permitió catalogar y describir animales extintos hace millones de años. Fue el primero en clasificar como reptiles al pterodáctilo y al mosasaurio. También verificó, basándose en los descubrimientos de Steno, que, cuanto más antiguos son los restos, menos se parecen a especies actuales. Sus investigaciones impulsaron la paleontología, que *ESTUDIA LOS FÓSILES*.

TESTIGOS:
ADN

Los seres vivos somos como un juego de construcción con instrucciones de montaje. Esas «instrucciones» están escritas con un lenguaje de enlaces químicos y forman una molécula de la que habrás oído hablar: el ácido desoxirribonucleico, alias **ADN**.

CÓMO HACER UN SER VIVO:

Para hacer un ser vivo podemos usar un libro de recetas llamado *GENOMA*, que guardamos en el núcleo de una célula. Las recetas de nuestro libro se ordenan por capítulos llamados *CROMOSOMAS*. Nuestro libro de recetas nos dice cómo elaborar *PROTEÍNAS*, las piezas químicas de las que estamos hechos los seres vivos. Las proteínas se crean mezclando *AMINOÁCIDOS*, que son los ingredientes básicos. Para cada plato que cocinemos (para cada proteína), necesitamos una receta distinta. Cada receta es un *GEN*, y guarda las indicaciones en forma de *ADN*.

Receta para elaborar una proteína

Ingredientes:
aminoácidos

Mezclar los aminoácidos de la manera que indica el ADN del gen hasta conseguir la proteína adecuada.

ADN EN EL GEN

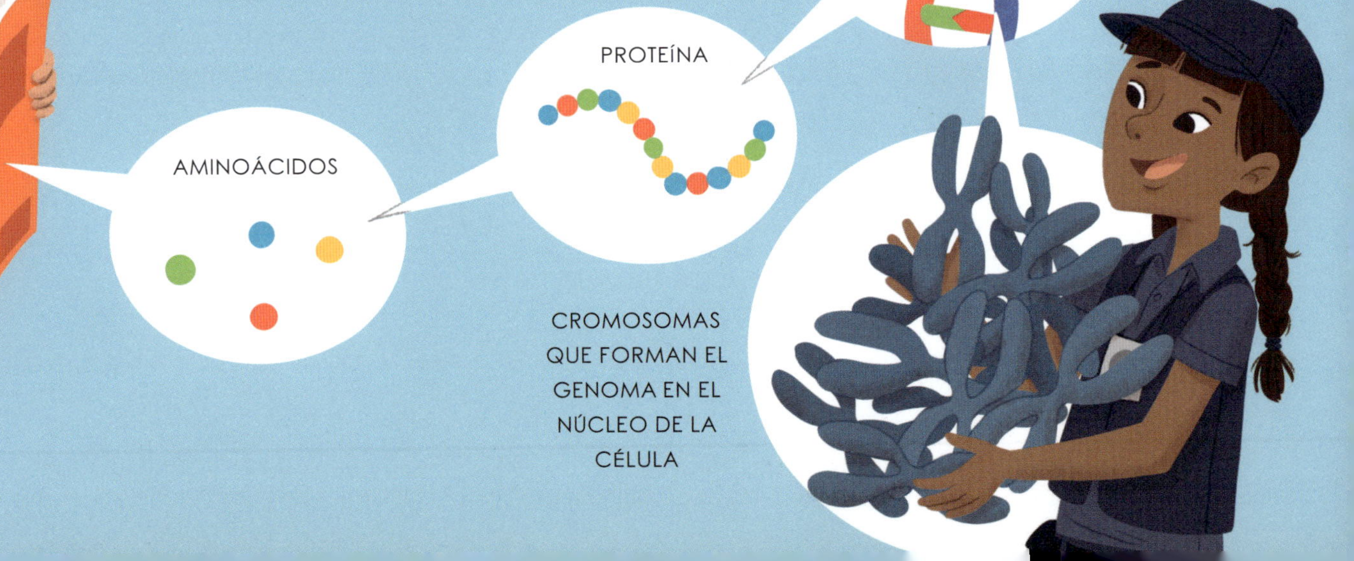

PROTEÍNA

AMINOÁCIDOS

CROMOSOMAS QUE FORMAN EL GENOMA EN EL NÚCLEO DE LA CÉLULA

FÓSILES GENÉTICOS

Los genes guardan huellas de la evolución de las especies. Como los genes se transmiten de padres a hijos, se ha podido ver que el genoma de dos especies humanas extintas hace miles de años —*NEANDERTALES Y DENISOVANOS*— mostraba que ambas tuvieron bebés con nuestros antepasados *Homo sapiens*, ¡y tenemos genes suyos!

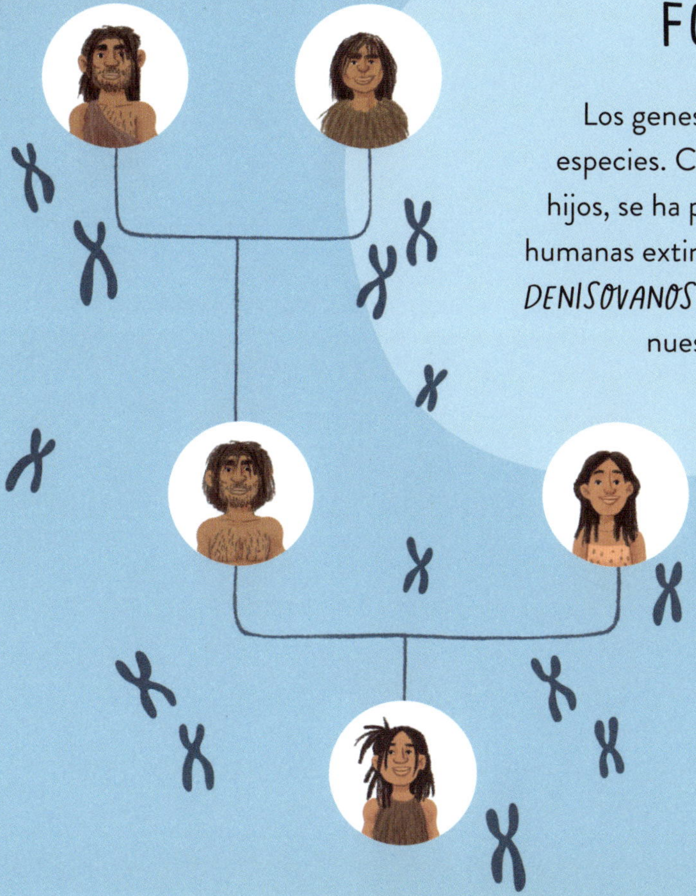

DENISOVANOS

Un pedazo de meñique de una niña encontrado en 2008 tenía ADN que reveló una especie desconocida de humanos, llamados «denisovanos» porque se descubrieron en *UNA CUEVA DE DENÍSOVA* (Rusia).

Aunque apenas hay fósiles de denisovanos, tenemos una idea de cómo eran gracias a su genoma.

SOSPECHOSOS HABITUALES

La extinción es el fin natural de todas las especies. Las más adaptables evolucionan y se transforman en otras, pero la mayoría desaparecen sin más. Las causas son varias y suelen combinarse, y algunas son consecuencia de otras.

00001

00002

00003

00004

00005

Los *Homo sapiens* somos exterminadores. Cazamos y pescamos en exceso, somos especie invasora, alteramos todos los hábitats y causamos un aumento de temperaturas mundial que amenaza con desencadenar una extinción masiva.

00006

00009

00010

00007

00008

00011

00012

Unas pocas especies han logrado esquivar hasta ahora la extinción sin apenas evolucionar. ¡Son fósiles vivientes!

SOSPECHOSO #1: LA DERIVA CONTINENTAL

LOS CONTINENTES SE MUEVEN sin cesar, pero tan despacio que ni nos damos cuenta. ¡Van a la velocidad que crecen tus uñas! Pese a su lentitud, la forma y posición de los continentes acaban cambiando por completo. Eso altera poco a poco los hogares de todos los seres vivos. Los que son incapaces de adaptarse, se extinguen.

La Tierra era una bola candente cuando se formó hace 4500 millones de años. Solo se ha enfriado la corteza: *EL INTERIOR DEL PLANETA ES DE ROCA VISCOSA*, fundida por el calor. Sobre ella flotan las placas sólidas en las que están los continentes. Como témpanos de hielo flotando... ¡pero no en agua, sino en tierra líquida!

Norteamérica y Sudamérica estaban separadas. Los animales marinos pasaban del Pacífico al Atlántico y viceversa, incluido el mayor tiburón que ha existido, *Megalodon*. Pero el choque de placas tectónicas hizo emerger tierra y unió ambos continentes. *LOS ORGANISMOS MARINOS QUEDARON SEPARADOS.* Eso redujo las opciones de comer y reproducirse, sobre todo en el Atlántico, que es más pequeño. *Megalodon* y otros no lo superaron.

00001

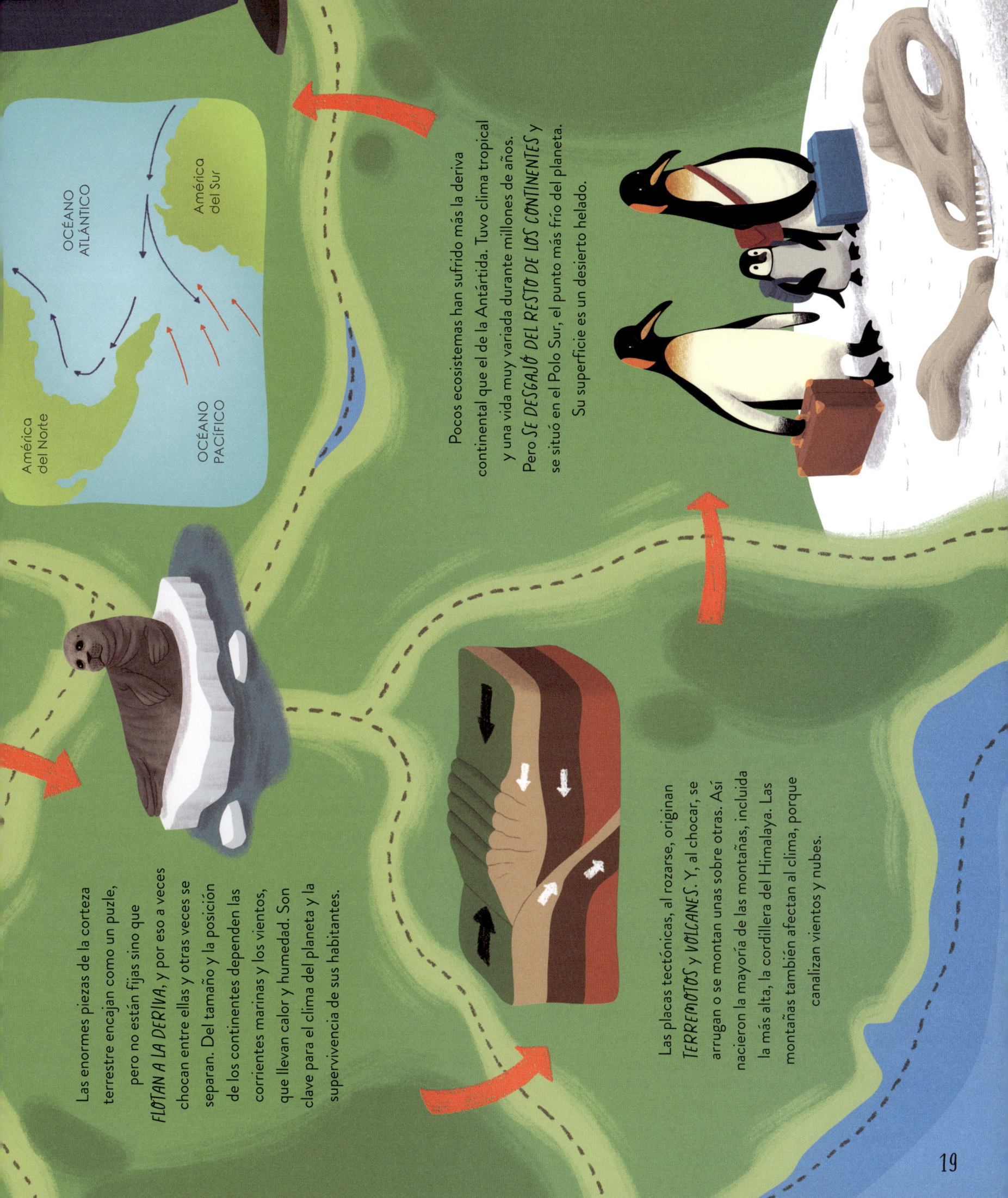

OCÉANO ATLÁNTICO

América del Norte

América del Sur

OCÉANO PACÍFICO

Las enormes piezas de la corteza terrestre encajan como un puzle, pero no están fijas sino que *FLOTAN A LA DERIVA*, y por eso a veces chocan entre ellas y otras veces se separan. Del tamaño y la posición de los continentes dependen las corrientes marinas y los vientos, que llevan calor y humedad. Son clave para el clima del planeta y la supervivencia de sus habitantes.

Las placas tectónicas, al rozarse, originan *TERREMOTOS y VOLCANES. Y*, al chocar, se arrugan o se montan unas sobre otras. Así nacieron la mayoría de las montañas, incluida la más alta, la cordillera del Himalaya. Las montañas también afectan al clima, porque canalizan vientos y nubes.

Pocos ecosistemas han sufrido más la deriva continental que el de la Antártida. Tuvo clima tropical y una vida muy variada durante millones de años. Pero *SE DESGAJÓ DEL RESTO DE LOS CONTINENTES* y se situó en el Polo Sur, el punto más frío del planeta. Su superficie es un desierto helado.

19

¿Y por qué son tan dañinos los volcanes?
Una erupción emite dos gases que afectan al clima.
El dióxido de carbono (CO_2) causa *EFECTO
INVERNADERO*, es decir, retiene calor y aumenta
la temperatura del planeta a largo plazo. El dióxido
de azufre (SO_2) actúa al revés: con la humedad del
aire forma nubes de ácido sulfúrico, que reflejan la luz
solar y no permiten que pase a la atmósfera,
por lo que baja la temperatura de golpe.
Eso se llama *INVIERNO VOLCÁNICO.*

Se llama *SUPERVOLCANES* a aquellos
cuya erupción afecta a la vida en todo el
planeta. El más conocido es la caldera de
Yellowstone, el primer parque nacional de
EE UU: es el mayor volcán de América.
Su cámara magmática mide 60 kilómetros
de largo y 30 de ancho.

Ya hemos visto que el interior del planeta está muy caliente; tanto que en algunas zonas la roca se funde a más de 1000 grados y se transforma en magma. Desde la cámara donde se forma, el magma caliente presiona y *ROMPE LA CORTEZA TERRESTRE* en busca de una salida al exterior; entonces, abre una boca por la que sale con fuerza y a gran velocidad: el cráter. Ahora el magma ha pasado a ser lava, que se va enfriando y acumulando hasta formar, en ocasiones, enormes montañas.

Los volcanes son aniquiladores. Una enorme erupción que duró *VARIOS MILLONES DE AÑOS* en la actual Siberia (Rusia) fue clave en la mayor extinción de la historia, que se dio al final del Pérmico. Otra en el Decán (India) duró 30 000 años y contribuyó al declive de los dinosaurios. Más reciente es una erupción en los Campos Flégreos (Italia), la cual pudo influir en el fin de los neandertales.

SOSPECHOSO #2: VULCANISMO

00002

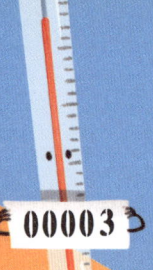

EL CAMBIO CLIMÁTICO

La Tierra ha experimentado muchos cambios climáticos como consecuencia del movimiento continental, las erupciones volcánicas y la actividad de sus habitantes. Nosotros, por ejemplo, estamos forzando un calentamiento climático, y las microscópicas cianobacterias generaron una glaciación... Pero no fue la mayor.

El calentamiento climático es fatal para las especies mejor preparadas para el frío. Eso es por lo que desapareció, por ejemplo, el rinoceronte lanudo, que sobrevivió los durísimos 100 000 años de la Edad de Hielo. El mismo riesgo corre hoy el oso polar por el deshielo del Ártico.

En las superficies heladas hay dióxido de carbono que se libera al derretirse, igual que se libera el metano atrapado en el fondo del mar.

Las glaciaciones acaban cuando gases como el dióxido de carbono y el metano producen un *EFECTO INVERNADERO*.

Los volcanes emiten dióxido de carbono. ¡Pusieron fin a la «Tierra bola de hielo»!

Hoy, casi toda el agua dulce de la Tierra está congelada en los polos. Si sigue subiendo la temperatura y se *DESHIELA*, el mar ¡subirá 60 metros!

Cuando baja la temperatura en la Tierra y se extienden los hielos, decimos que hay una *GLACIACIÓN*. Puede deberse a cambios de corrientes marinas o a la rotación planetaria, a una menor actividad del Sol... Se forma hielo cuya blancura refleja la luz solar y la impide calentar.

La mayor glaciación duró millones de años, ¡y se congelaron hasta los océanos! En la llamada «Tierra bola de nieve», la vida estuvo en riesgo de desaparecer.

La última glaciación acabó hace 10 000 años. Es la llamada *EDAD DE HIELO*. Se congeló tanta agua que ¡desapareció el mar entre América y Asia! Es probable que eso abriera para nuestros antepasados una vía de entrada a América, con resultados fatídicos para la fauna.

WELCOME TO AMERICA

En una glaciación, mucha agua se congela y disminuyen los océanos. Pero un calentamiento climático la deshiela, y el nivel del mar vuelve a subir. Un *CAMBIO BRUSCO EN EL NIVEL DEL MAR* arrasa ecosistemas costeros. Así pudo ser la primera extinción masiva.

SOSPECHOSO #4:
LLUVIA Y MARES ÁCIDOS

00004

Erupciones volcánicas e incendios forestales arrojan a la atmósfera gases como el *DIÓXIDO DE AZUFRE* y el *ÓXIDO DE NITRÓGENO*. Al combinarse con el agua de las nubes, el dióxido de azufre se convierte en ácido sulfúrico, uno de los más corrosivos.

El agua acidificada en las nubes cae en forma de lluvia ácida, que afecta a la composición química del suelo y las aguas dulces y aumenta su *TOXICIDAD*, lo que afecta a muchas especies.

Cuando la atmósfera se satura de dióxido de carbono, el mar lo absorbe y sus aguas se vuelven más ácidas. La *POLUCIÓN* generada por el hombre ha hecho que en los últimos 150 años los océanos se acidifiquen más que en los 25 millones de años anteriores.

La actividad volcánica submarina es muy intensa. Volcanes, fumarolas y fuentes hidrotermales emiten dióxido de carbono, que, al mezclarse con el agua, se convierte en *ÁCIDO CARBÓNICO*.

Esta acidificación hace que algunos organismos marinos no puedan construir estructuras de carbonato cálcico, como las conchas: es el fin de moluscos, corales, artrópodos y otras especies. La acidificación marina contribuyó a la mayor extinción masiva, hace 250 millones de años.

SOSPECHOSOS #5 Y #6: ASTEROIDES Y SUPERNOVAS

00005

00006

Una roca va por el espacio a toda velocidad. ¡Es un *ASTEROIDE*! Es grande... Algunos hay del tamaño de una ciudad. La probabilidad de que choquen con la Tierra es muy pequeña, pero ha ocurrido en varias ocasiones.

El asteroide que propició el fin de los grandes reptiles voladores y marinos y casi todos los dinosaurios cayó hace 66 millones de años. Medía *18 KM* y originó un cráter diez veces mayor. Se esparcieron sus restos por todo el planeta. ¡El impacto fue como si estallaran millones de bombas nucleares!

Una onda de *FUEGO* prendió incendios gigantescos.

OLAS marinas de cientos de metros de altura arrasaron las costas.

Una nube de *POLVO* cubrió el planeta durante años y bloqueó la luz solar.

Gases de efecto invernadero causaron *LLUVIA ÁCIDA* y un *CALENTAMIENTO* climático.

Una *SUPERNOVA* es una estrella que explota. Si lo hace cerca de la Tierra, su radiación podría destruir la capa exterior de la atmósfera, que nos protege de los rayos solares dañinos. Eso pudo suceder en dos extinciones masivas.

El Sol emite *RAYOS ULTRAVIOLETA*, que queman la piel y alteran los genes. ¡Si no los redujera la atmósfera, serían letales! Incluso con ella son peligrosos; por eso hay que estar a la sombra en verano y darse crema protectora.

SOSPECHOSOS #7 Y #8: CIANOBACTERIAS Y ARQUEAS

Las *CIANOBACTERIAS* están entre las formas de vida más antiguas que existen. Son unicelulares y, por tanto, muy pequeñas, pero cambiaron el planeta para siempre.

Las cianobacterias fueron los primeros seres en hacer *FOTOSÍNTESIS*. Consiste en usar luz y agua para descomponer un gas muy abundante, el dióxido de carbono, y así obtener energía para vivir. Esa reacción química libera otro gas: ¡el oxígeno que respiras! Las plantas y algas actuales también fotosintetizan.

CO₂

H₂O

A las cianobacterias les fue tan bien que se multiplicaron muchísimo. Y, como el dióxido de carbono que consumían es un gas que retiene el calor, al disminuir, *EL CLIMA SE ENFRIÓ*. ¡Pero lo peor estaba por llegar!

El dióxido de carbono disminuía mientras aumentaba *EL OXÍGENO*, que, para la mayoría de la vida existente entonces, *ERA TÓXICO*. Aquello supuso la oleada de extinciones más antigua conocida. La oxigenación del planeta ocurrió hace 2400 millones de años. Se conoce como la Gran Oxidación.

El vertido de algunos minerales en el agua alimenta a las cianobacterias y se multiplican. Si hay tantas que *BLOQUEAN LA LUZ*, acaban con las algas y plantas del fondo. Y su descomposición consume oxígeno y la fauna acuática *SE ASFIXIA*. Parece que así ocurrió en alguna extinción masiva. ¡Y hace poco en el mar Menor, en Murcia!

Las arqueas producen *MUCHÍSIMO METANO*, retenido en los gélidos fondos marinos. Un calentamiento climático puede liberarlo, y como es un gas de efecto invernadero muy potente, hace que las temperaturas suban todavía más en todo el planeta. Parece que eso pasó en otras grandes extinciones.

Entre las especies envenenadas por el oxígeno había muchas que emitían metano, uno de los gases de efecto invernadero más potentes. ¿Resultado? Menos metano, menor temperatura. Bajó tanto que el planeta entero *SE CUBRIÓ DE HIELO.*

Las *ARQUEAS* metanógenas son microorganismos que originan metano al descomponer restos de plantas y animales para obtener energía. Esas arqueas sobrevivieron a la Gran Oxidación en lugares sin oxígeno, como el fondo fangoso de mares y lagos.

CH₄

29

SOSPECHOSO #9: EPIDEMIAS

00009

Una epidemia es una enfermedad que se propaga a muchos individuos a la vez. Las mayores epidemias las causan tres tipos de organismos: *VIRUS, BACTERIAS Y HONGOS*. Ninguno ha puesto en riesgo la supervivencia de nuestra especie por ahora, pero han hecho estragos. El virus de la viruela mató a más de 500 millones de personas. Y la bacteria *Yersinia pestis* está detrás de la peste bubónica, que una vez redujo la población humana ¡a la mitad!

Más de 90 especies de *ANFIBIOS* se han extinguido en los últimos 40 años a causa de un hongo que les altera la piel. ¡Y se está extendiendo por todo el mundo!

El *SAPO DORADO* (*Incilius periglenes*) vivía en una selva de Costa Rica. En solo dos años, pasó de miles de ejemplares a ninguno.

El hongo responsable de la epidemia se conoce como «*QUITRIDIO*», y existe desde hace mucho, pero no era tan letal. Se cree que el calentamiento climático y la contaminación han debilitado a los anfibios y agravado la enfermedad.

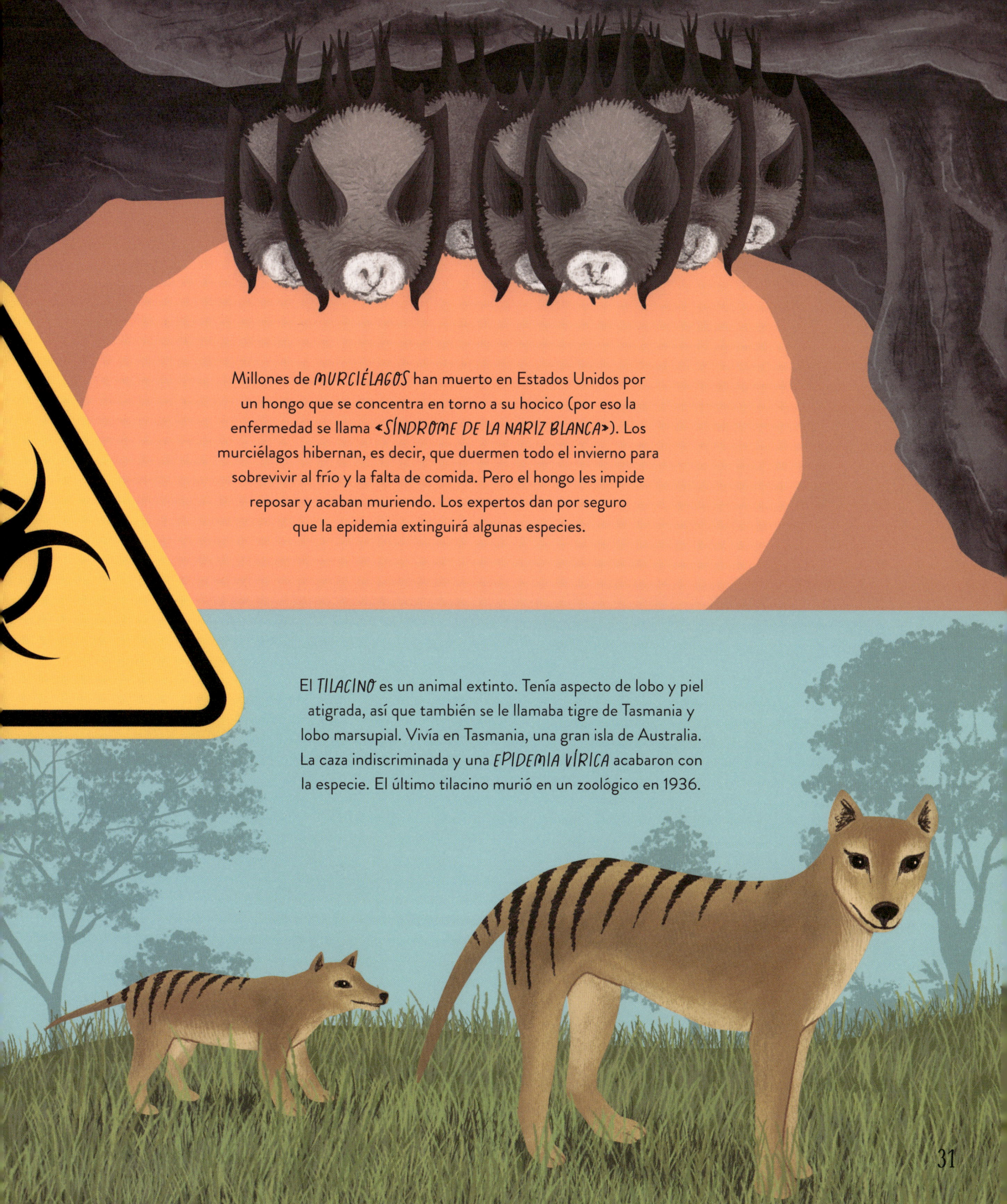

Millones de *MURCIÉLAGOS* han muerto en Estados Unidos por un hongo que se concentra en torno a su hocico (por eso la enfermedad se llama «*SÍNDROME DE LA NARIZ BLANCA*»). Los murciélagos hibernan, es decir, que duermen todo el invierno para sobrevivir al frío y la falta de comida. Pero el hongo les impide reposar y acaban muriendo. Los expertos dan por seguro que la epidemia extinguirá algunas especies.

El *TILACINO* es un animal extinto. Tenía aspecto de lobo y piel atigrada, así que también se le llamaba tigre de Tasmania y lobo marsupial. Vivía en Tasmania, una gran isla de Australia. La caza indiscriminada y una *EPIDEMIA VÍRICA* acabaron con la especie. El último tilacino murió en un zoológico en 1936.

SOSPECHOSO #10: COEVOLUCIÓN

00010

Algunas especies mantienen una relación tan íntima que, si una evoluciona, la otra también lo hace para adaptarse al cambio. Eso es la *COEVOLUCIÓN*. Y eso es lo que ocurre entre las plantas con flores y algunos insectos como las abejas. No pueden vivir por separado: sin flores, las abejas mueren de hambre, y, sin abejas, no se transporta el polen, un polvillo imprescindible para que esas plantas se reproduzcan. Así, cuando dos especies coevolucionan y *UNA SE EXTINGUE, LA OTRA TAMBIÉN.*

Los moa eran grandes aves que vivían en las islas de *NUEVA ZELANDA*. Carecían de alas y eran herbívoros.

Moa

El único predador que tenían los moa era un pájaro gigantesco llamado *ÁGUILA DE HAAST*. Era tan grande (3 m de envergadura alar y garras de 30 cm) que no se descarta que comiera personas.

32

Los moa y las águilas de Haast son animales que *COEVOLUCIONARON*: cuanto más grande se hacía una especie, más crecía su depredador.

Pero también se *COEXTINGUIERON*.

Cuando llegaron a Nueva Zelanda *CAZADORES HUMANOS*, en menos de cien años exterminaron a los moa.

Al desaparecer los moa, las águilas se quedaron *SIN SU PRESA*, por lo que acabaron extinguiéndose por no tener su alimento natural.

Águila de Haast

SOSPECHOSO #11: ESPECIES INVASORAS

00011

La cantidad de seres vivos que habitan un lugar se regula de modo automático: cuando aumentan o disminuyen las presas, lo hacen también los depredadores. Ese *DELICADO EQUILIBRIO* forma un ecosistema, y para alcanzarlo hace falta mucho tiempo. La llegada repentina de especies invasoras procedentes de otros sitios supone un desequilibrio que extingue a muchos animales.

Los gatos aniquilan una cantidad incalculable de pájaros. En Australia los introdujeron los europeos, ¡y matan más de un millón de aves al día! Entre sus víctimas está el *CHOCHÍN DE STEPHENS*, que vivía en una isla de Nueva Zelanda. Su existencia se supo porque los cazaba el gato del farero. Entre ese felino y otros, no dejaron ni uno.

En Australia no había conejos, pero a un cazador le apetecía matarlos, así que llevó allí trece y los soltó. Sin embargo, no los cazó todos, y algunos se le escaparon. Ochenta años después, *600 MILLONES DE CONEJOS* habían dejado sin nada que comer a muchos herbívoros. Lo mismo ocurrió con otra especie soltada también para cazarla y convertida en *PLAGA ANIQUILADORA: EL ZORRO.*

Cuando América del Norte y del Sur estaban separadas, habitaban en el Norte lobos, osos y felinos. En el Sur dominaban las enormes «aves del terror». Cuando el movimiento de los continentes los unió, *ANIMALES DE UNA PARTE PASARON A LA OTRA*: fue el llamado «Gran Intercambio Biótico Americano». Las especies llegadas del Norte se impusieron.

También eran distintas Europa y Asia, pues entre ellas había un mar. En Europa abundaban mamíferos como los paleoterios, parientes de los caballos pero tan pequeños como un perro. En Asia había otros, como los entelodontos, similares a jabalíes pero grandes como vacas. Cuando el mar se secó y los continentes se unieron, *LAS ESPECIES ASIÁTICAS BARRIERON A LAS EUROPEAS.* Se llama a esa extinción «la Gran Ruptura».

SOSPECHOSO #12: HOMO SAPIENS

Homo sapiens somos nosotros: *LA ESPECIE MÁS INVASIVA.* ¡En solo 100 000 años hemos colonizado toda la Tierra! Nuestro intelecto nos permite aniquilar cualquier especie. Además, nuestro modelo industrial calienta el clima. Nuestra presencia siempre coincide con un exterminio de animales. Es posible que estemos en la sexta extinción masiva y seamos los únicos causantes.

El *OSO CAVERNARIO* criaba en cuevas que eran las que más les gustaron también a dos especies invasoras: neandertales y sapiens. Los osos perdieron sus hogares, donde hibernaban y se reproducían. Pasaron de ser abundantes durante millones de años a extinguirse.

Cada año se vierten al mar 9 millones de toneladas de *PLÁSTICO*, que matan a 100 000 tortugas y mamíferos y un millón de aves. Cada vez más animales lo ingieren, incluidos nosotros, con consecuencias desconocidas aún.

La *SOBREPESCA* actual amenaza la vida marina porque reduce la población de especies de las que se alimentan otras muchas. Además, en las redes mueren por accidente incontables animales, incluidos delfines, ballenas y tortugas.

¡Se calcula que en 2050 habrá más plástico que peces en el océano!

La *CAZA INTENSIVA* ha exterminado docenas de especies en los últimos 10 000 años. Las víctimas empezaron siendo animales enormes, pero cada vez son más pequeños.

Las *ESPECIES QUE NOS ACOMPAÑAN* también son invasoras. Por ejemplo, a la isla de Mauricio llevaron cerdos que devoraban los huevos que ponía en el suelo el dodo, y lo remataron. Igual de devastadores han sido los conejos y los gatos introducidos en Oceanía. Y, en todo el mundo, los perros sin atar destruyen nidadas y acosan fauna silvestre.

Las fábricas, los aviones, los coches y casi todos nuestros medios de transporte funcionan quemando *COMBUSTIBLES FÓSILES* como el petróleo y el carbón, que generan dióxido de carbono, un gas que retiene el calor (efecto invernadero). Eso está calentando el clima y fundiendo el hielo de los polos. Las consecuencias pueden ser catastróficas.

Uno de los motivos por los que desaparecen especies como tigres, rinocerontes y burros es que hay mucha gente que cree, sin ningún fundamento, que con ellos se hacen medicinas milagrosas, y los *MATAN* indiscriminadamente.

LOS CRÍMENES

La adaptación no explica la desaparición de muchas especies a la vez. Las extinciones suelen ser lentas, pero ya hemos visto que ciertas catástrofes pueden agravarlas, y es frecuente que el fin de una especie tenga varias causas; su acción conjunta puede producir enormes rupturas y desapariciones en masa. Los peores crímenes de la historia natural han provocado las llamadas «EXTINCIONES MASIVAS».

Los **BRAQUIÓPODOS** (①) fueron de los primeros seres con concha. Se conocen unas 350 especies vivas... ¡y más de 12 000 extintas!

Los mayores predadores —como **CAMEROCERAS** (④), un molusco cefalópodo— eran similares a pulpos, pero con largas conchas cónicas. Algunos medían varios metros.

Los **TRILOBITES** (②③) estaban entre los animales más abundantes. Fueron también de los más castigados por esta extinción: más del 70 por ciento de los géneros se perdieron.

① *Cincinnetina meeki*   ② *Homotelus bromidensis*   ③ *Flexicalymene meeki*   ④ *Cameroceras*

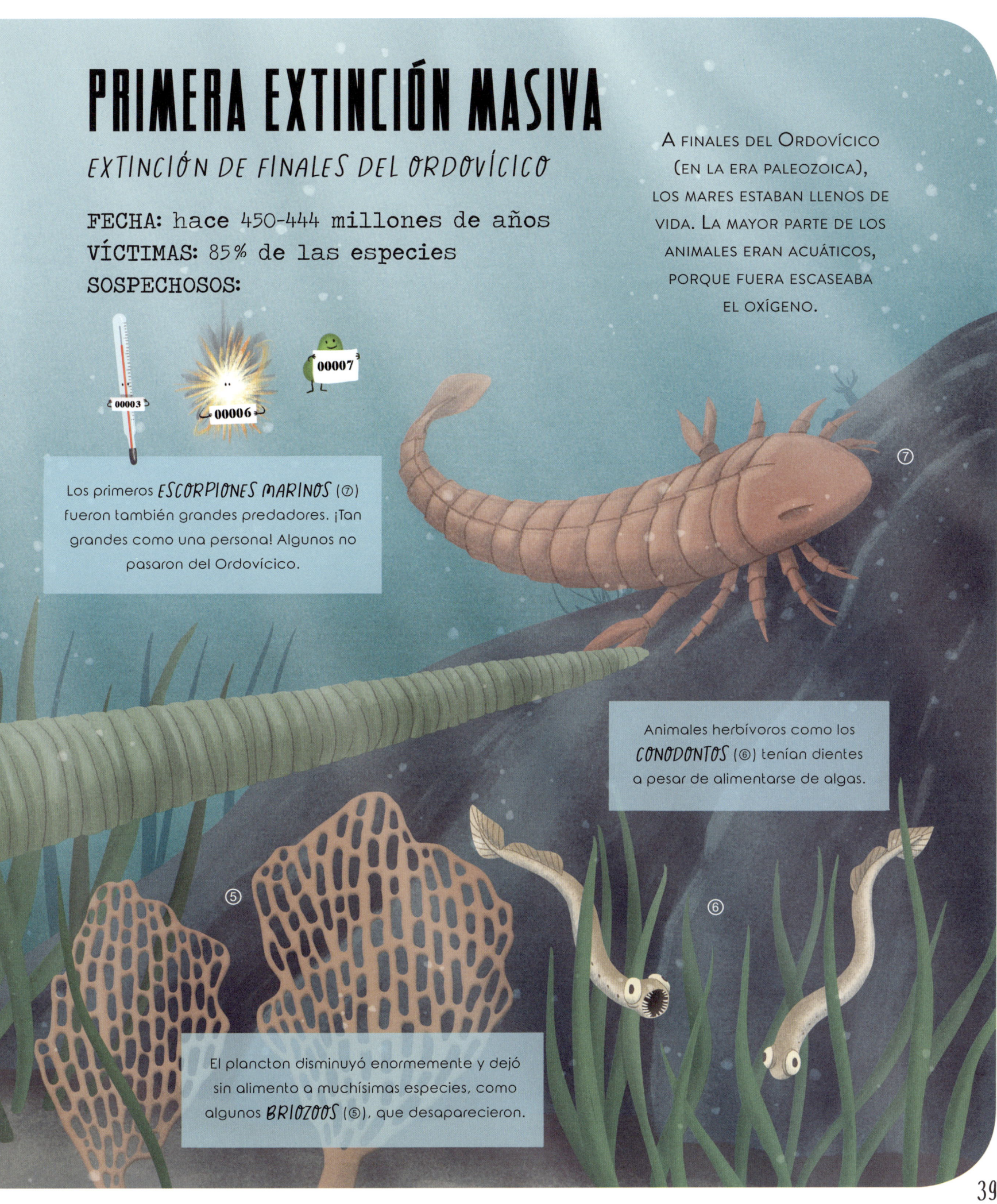

PRIMERA EXTINCIÓN MASIVA

EXTINCIÓN DE FINALES DEL ORDOVÍCICO

FECHA: hace 450-444 millones de años
VÍCTIMAS: 85% de las especies
SOSPECHOSOS:

00003 00006 00007

A FINALES DEL ORDOVÍCICO (EN LA ERA PALEOZOICA), LOS MARES ESTABAN LLENOS DE VIDA. LA MAYOR PARTE DE LOS ANIMALES ERAN ACUÁTICOS, PORQUE FUERA ESCASEABA EL OXÍGENO.

Los primeros *ESCORPIONES MARINOS* (⑦) fueron también grandes predadores. ¡Tan grandes como una persona! Algunos no pasaron del Ordovícico.

Animales herbívoros como los *CONODONTOS* (⑥) tenían dientes a pesar de alimentarse de algas.

El plancton disminuyó enormemente y dejó sin alimento a muchísimas especies, como algunos *BRIOZOOS* (⑤), que desaparecieron.

39

⑤ Briozoos ⑥ Conodontos ⑦ *Pentecopterus*

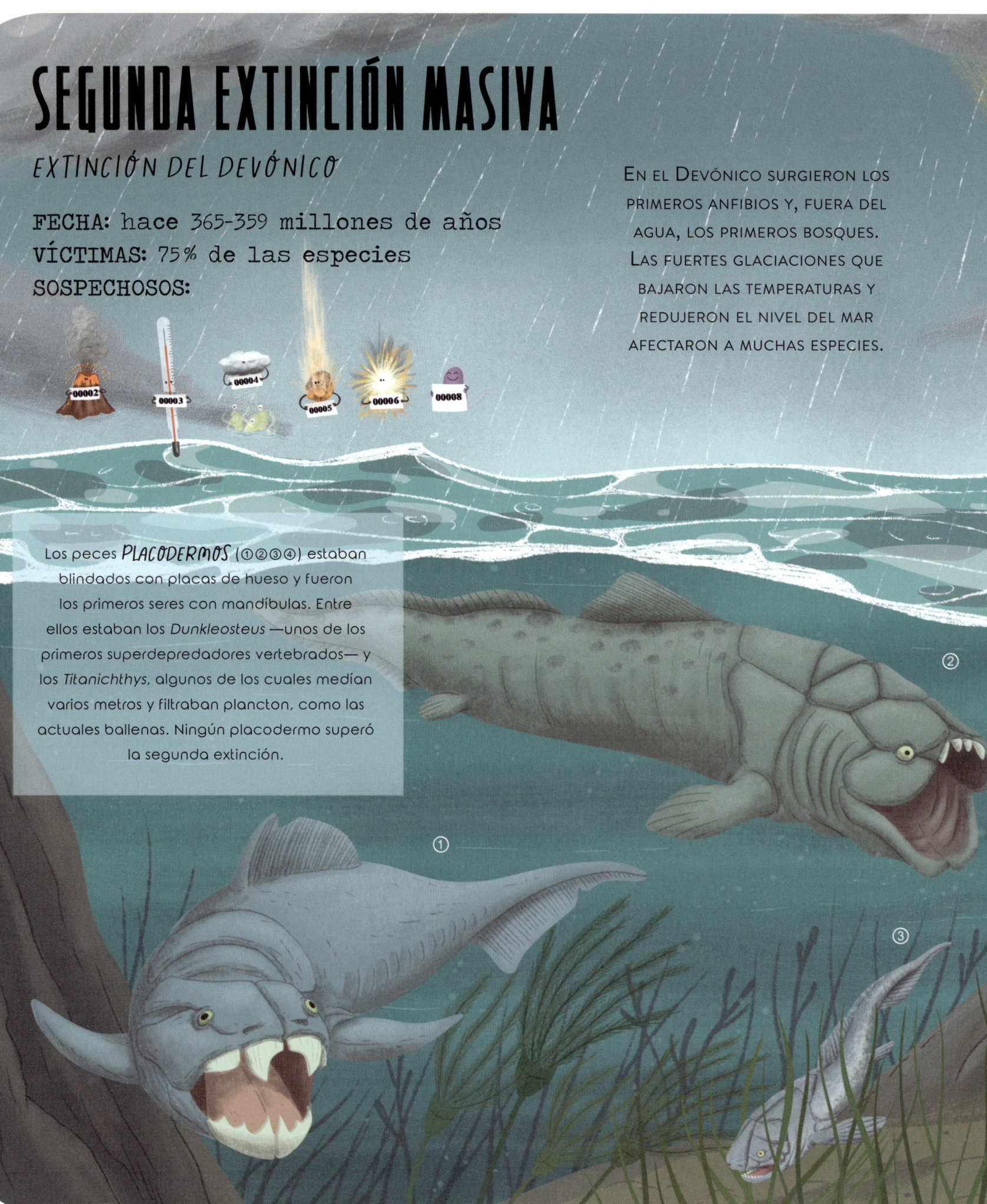

SEGUNDA EXTINCIÓN MASIVA

EXTINCIÓN DEL DEVÓNICO

FECHA: hace 365-359 millones de años
VÍCTIMAS: 75% de las especies
SOSPECHOSOS:

00002 00003 00004 00005 00006 00008

EN EL DEVÓNICO SURGIERON LOS PRIMEROS ANFIBIOS Y, FUERA DEL AGUA, LOS PRIMEROS BOSQUES. LAS FUERTES GLACIACIONES QUE BAJARON LAS TEMPERATURAS Y REDUJERON EL NIVEL DEL MAR AFECTARON A MUCHAS ESPECIES.

Los peces *PLACODERMOS* (①②③④) estaban blindados con placas de hueso y fueron los primeros seres con mandíbulas. Entre ellos estaban los *Dunkleosteus* —unos de los primeros superdepredadores vertebrados— y los *Titanichthys*, algunos de los cuales medían varios metros y filtraban plancton, como las actuales ballenas. Ningún placodermo superó la segunda extinción.

① *Dunkleosteus*　② *Titanichthys*　③ *Plourdosteus*

El Devónico fue la «Edad de los Peces» porque los hubo de todo tipo; incluso algunos con fuertes aletas, con las que caminaron fuera del agua. Unos pocos de estos evolucionaron en los primeros tetrápodos ANFIBIOS (⑧⑨).

Los mayores rivales de los PECES (⑤) eran los euriptéridos, conocidos como ESCORPIONES MARINOS (⑥⑦) (aunque no eran escorpiones, y muchos vivían en agua dulce). Estos predadores disminuyeron de modo drástico.

④ Holonema   ⑤ Osteolepis   ⑥ Hibbertopterus   ⑦ Pterygotus   ⑧ Ichthyosthega   ⑨ Acanthostega

TERCERA EXTINCIÓN MASIVA

LA GRAN MORTANDAD

FECHA: hace 252-251 millones de años
VÍCTIMAS: 96% de las especies
SOSPECHOSOS:

00001 00002 00003 00004 00005 00008

Esta ha sido la mayor extinción de la historia. Ocurrió a finales del Pérmico (último periodo de la era paleozoica). La tierra había sido colonizada por los reptiles, algunos de los cuales fueron los antepasados de los dinosaurios.

Un 70 por ciento de las especies terrestres desaparecieron, como los GORGONÓPSIDOS (①②). Eran predadores y algunos tenían largos colmillos para atravesar la piel blindada de sus presas.

Se perdieron el 95 por ciento de las especies marinas: animales y plantas microscópicos que formaban el plancton; corales; animales con concha... Después de casi 300 millones de años recorriendo los fondos marinos, los TRILOBITES (③) dijeron adiós, así como los ESCORPIONES MARINOS (euriptéridos) (④).

① Inostrancevia alexandri   ② Lycaenops   ③ Trilobite   ④ Euriptérido

Los animales terrestres más grandes eran reptiles herbívoros como los **PAREIASÁURIDOS** (⑤⑥). Estaban acorazados con placas óseas y vivían en manada. Algunas de sus especies eran más pequeñas.

La tercera extinción masiva se conoce como «la Gran Mortandad». ¡No ha habido mayor aniquilación! Es la que más afectó a los **INSECTOS**. Acabó con un tercio de sus variedades.

Los insectos **PALEÓPTEROS** (⑦⑧) tenían dos pares de alas, en las cuales se podían distinguir claramente las venas.

⑤ *Scutosaurus karpinskii*   ⑥ *Nanoparia luckhoffi*   ⑦ *Megasecoptera*   ⑧ *Palaeodictyoptera*

Los mayores predadores de la época eran otros familiares de los cocodrilos: los **RAUISÚQUIDOS** (①). Mantuvieron a raya a los dinosaurios antes de extinguirse.

Entre los parientes de los mamíferos también había predadores, los **CINODONTES** (②). Sus especies oscilaban entre la talla de un perro y la de un ratón. Muchas no lograron superar la cuarta extinción, pero el resto siguieron evolucionando. ¡Tú eres un cinodonte!

① *Rauisuchus tiradentes*   ② *Megazostrodon*

CUARTA EXTINCIÓN MASIVA

EXTINCIÓN DE FINALES DEL TRIÁSICO

FECHA: hace 200-201 millones de años

VÍCTIMAS: 70% de las especies

SOSPECHOSOS:

FINALES DEL TRIÁSICO: EN TIERRA, LOS ANFIBIOS Y LOS REPTILES COMPARTÍAN EL ESPACIO CON LOS PRIMEROS MAMÍFEROS Y LOS PRIMEROS DINOSAURIOS, MIENTRAS EN EL MAR GIGANTESCOS REPTILES ACUÁTICOS SE ATIBORRABAN DE PECES.

El *DICINODONTE* (③) era un terápsido pariente de los mamíferos que vivía en los bosques tropicales de helechos. Con su pico y sus colmillos, este herbívoro pesaba casi una tonelada.

Los *REPTILES* eran los animales terrestres dominantes. Entre los mayores estaban los *ETOSAURIOS* (④), herbívoros emparentados con los cocodrilos. Tenían la piel acorazada. Con su desaparición, los dinosaurios ocuparon su lugar.

Tras dominar en ríos y lagos durante 200 millones de años, los grandes predadores *ANFIBIOS* (⑤), algunos de los cuales tenían branquias, desaparecieron (alguna especie aislada sobrevivió un tiempo en la era de los dinosaurios).

③ Dicinodonte   ④ *Longosuchus*   ⑤ *Gerrothorax*

QUINTA EXTINCIÓN MASIVA

EXTINCIÓN DE FINALES DEL CRETÁCICO

FECHA: hace 66 millones de años
VÍCTIMAS: 76% de las especies
SOSPECHOSOS:

00002 00003 00004 00005

ESTAMOS A FINALES DE LA ERA MESOZOICA: EL FIN DEL APOGEO DE LOS DINOSAURIOS. ENTRE EL TRIÁSICO, EL JURÁSICO Y EL CRETÁCICO, ESTOS REPTILES HABÍAN PROLIFERADO DE FORMA MUY EXITOSA, HASTA QUE UN ASTEROIDE FORZÓ SU EXTINCIÓN.

①

Los *DINOSAURIOS* (①②⑦⑧) eran reptiles terrestres, y se repartían en más de 800 especies de aspecto y tamaño muy variados. Algunos se parecían a los reptiles actuales, pero otros tuvieron pico e incluso plumas.

②

③

① *Tyrannosaurus* ② *Stegosaurus* ③ *Trinacromerum*

Unos reptiles, los **PTEROSAURIOS** (⑤), fueron los primeros animales con esqueleto que volaron, aunque no eran parientes de las **AVES** (⑥⑨). Estas, en realidad, proceden de **DINOSAURIOS CON PLUMAS** (⑦), y ya compartían el cielo con los pterosaurios.

Los **PLESIOSAURIOS** (③④) eran reptiles de cuerpo grueso y cuatro grandes aletas, la mayoría de cuello largo y cabeza pequeña. Estos no eran los únicos reptiles predadores marinos (también estaban los mosasaurios, por ejemplo).

④ *Elasmosaurus*   ⑤ *Quetzalcoatlus*   ⑥ *Avisaurus*   ⑦ *Ornithomimus*   ⑧ *Ankylosaurus*   ⑨ *Hesperornis*

¿SEXTA EXTINCIÓN MASIVA?

EXTINCIÓN DEL HOLOCENO

EL ÍNDICE DE EXTINCIONES POR CAUSAS NO NATURALES HA AUMENTADO DE FORMA DRÁSTICA, Y VARIOS FACTORES PUEDEN ESTAR COMBINÁNDOSE PARA PROVOCAR LO QUE PUEDE SER LA SEXTA EXTINCIÓN MASIVA. ES TRISTE SABER QUE LAS ACCIONES DEL SER HUMANO ESTÁN ENTRE ELLOS.

FECHA: en marcha desde hace 12 000 años

VÍCTIMAS: aún se desconoce

SOSPECHOSOS:

00003

00009

00012

La industria ballenera amenazó la existencia de los grandes cetáceos y exterminó a la *VACA MARINA DE STELLER* (②). No era un cetáceo, pero medía 9 metros. Mataron a la última en 1768, menos de 30 años después de que se descubriera la especie.

① Mastodonte   ② Vaca marina de Steller

La *PALOMA MIGRATORIA* (③) vivía en EE UU. Formaba bandadas kilométricas que, al pasar, tapaban el sol... ¡durante horas! Fue cazada hasta el exterminio para venderla como comida barata. La última murió en un zoológico en 1914.

Los *MASTODONTES* (①) y los *MEGATERIOS* (④) eran herbívoros gigantes de América. La llegada del *Homo sapiens* fue su fin: la caza los empujó a la extinción hace unos 10 000 años.

El *ALCA GIGANTE* (⑤) era un ave marina muy abundante. La aniquilamos en 1844, a base de llenar con ella las despensas de los barcos y desplumarla para fabricar almohadas.

③ Paloma migratoria   ④ Megaterio   ⑤ Alca gigante

CRÍMENES

Meganeura
75 cm

Libélula actual
12 cm

COLAPSO DE LA SELVA TROPICAL DEL CARBONÍFERO

FECHA: hace 305 millones de años

Las selvas del período carbonífero son las mayores que ha habido. El calor, la humedad y la abundancia de oxígeno (un 50 por ciento más que ahora) agigantaron a los animales: había anfibios como cocodrilos e insectos como gaviotas. Pero el MOVIMIENTO DE LOS CONTINENTES formó montañas y causó erupciones que provocaron que el clima se fuera volviendo más árido, así que las selvas se fragmentaron y redujeron, y muchas especies desaparecieron.

Basilosaurus cetoides
18 m

Ballena azul (la mayor actualmente)
23 m

EXTINCIÓN DE FINALES DEL EOCENO

FECHA: hace 34 millones de años

La Antártida se desgajó de Sudamérica y Australia y la rodeó una corriente marina muy fría. BAJÓ LA TEMPERATURA de los océanos: ese fue el fin de las ballenas primitivas, como los superpredadores basilosaurios. Otro MOVIMIENTO CONTINENTAL cerró el mar que separaba Asia y Europa, por lo que las especies asiáticas pudieron pasar al territorio vecino y desplazaron a muchas especies europeas, como los paleoterios. Fue la Gran Ruptura de la fauna en Europa.

MENORES

Megalodon
15 m

Tiburón ballena (el mayor actualmente)
12 m

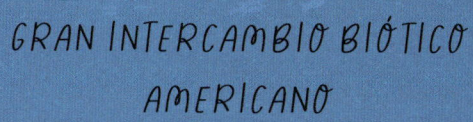

GRAN INTERCAMBIO BIÓTICO AMERICANO

FECHA: hace 3 millones de años

Norteamérica y Sudamérica se unieron al formarse el istmo de Panamá. Muchas especies del sur fueron DESPLAZADAS por las que llegaron del norte, entre ellas los fororrácidos, aves gigantes predadoras (las «aves del terror»). En el mar pasó al contrario: el istmo que juntó la tierra separó los océanos Atlántico y Pacífico y a sus habitantes marinos. Con este cambio se extinguió, por ejemplo, el *Megalodon*, el mayor tiburón que ha existido.

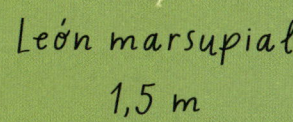

León marsupial
1,5 m

Diablo de Tasmania
90 cm

EXTINCIÓN DE MEGAFAUNA DEL CUATERNARIO

FECHA: hace 50 000 años

Los animales más grandes son la megafauna. Hace miles de años eran comunes las especies gigantescas, pero desaparecieron a medida que el *Homo sapiens* se extendió. LA CAZA Y LAS ALTERACIONES CLIMÁTICAS fueron decisivas para su extinción. En 40 000 años han desaparecido el 34 por ciento de los animales de más de 10 kg. Australia, por ejemplo, estaba habitada por marsupiales gigantes (como el león marsupial y el diprotodon) que, con el ser humano, desaparecieron.

EXPEDIENTE X
LA ESPECIE EXTINTA QUE RESUCITÓ

La última pareja de bucardos *(Capra pyrenaica pyrenaica)* vivió en el Parque Nacional de Ordesa y Monte Perdido (Huesca, España). En 1999 murió el macho y al año siguiente la hembra, tras caerle un árbol encima.

Esta última bucardo, a la que los biólogos del parque llamaban Celia, fue disecada para exponerla en el centro de visitantes.

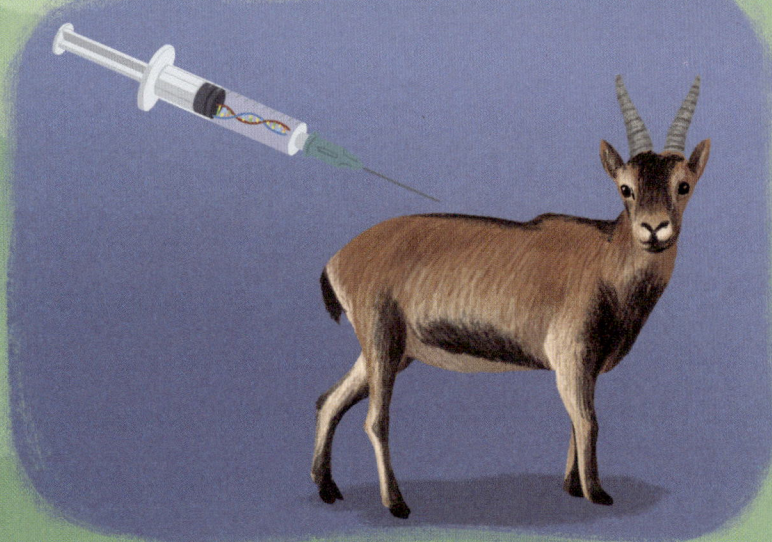

Pero un equipo científico de Aragón tuvo una idea más audaz... ¡Revivir a la especie! Transfirieron genes de Celia a hembras de especies similares para que se quedaran embarazadas.

Científicos de todo el mundo llevaban tiempo planeando hacer algo parecido, ¡y el equipo aragonés lo logró! El 30 de julio de 2003, una cabra dio a luz una bucardo en Zaragoza.

La bucardo murió a los 10 minutos por un problema en los pulmones. Su vida fue muy breve, pero histórica para la ciencia: por vez primera, ¡resucitó una especie! Nadie ha vuelto a lograrlo... por ahora.

Apenas existen fotos del bucardo en libertad en los Pirineos, donde vivía.
Se le disparó demasiado con armas y muy poco con cámaras...
A los cazadores les gustaban los vistosos cuernos de sus machos.

¿DEBEMOS DESEXTINGUIR?

ENTRE LAS ESPECIES QUE SE ESTUDIA DESEXTINGUIR HAY ALGUNAS
DESAPARECIDAS HACE MILES DE AÑOS. TENEMOS MATERIAL GENÉTICO DE
MAMUTS LANUDOS CONGELADOS HACE MILES DE AÑOS (POR EJEMPLO, EL
DEL MAMUT APODADO YUKA). PERO, ¿ES ACEPTABLE DEVOLVER LA VIDA
A UN ANIMAL ADAPTADO A UN ENTORNO QUE TAMPOCO EXISTE YA?

EL CASO DE LA
EXTINCIÓN VEGETAL

A LO LARGO DEL TIEMPO SE HAN EXTINGUIDO MUCHAS ESPECIES DE ANIMALES. ¿Y LAS PLANTAS? ¿HAN RESISTIDO ELLAS? ¡NADA DE ESO! DE HECHO, MUCHAS MÁS ESPECIES VEGETALES HAN DESAPARECIDO DE LA FAZ DE LA TIERRA, Y ACTUALMENTE UN GRAN NÚMERO DE ELLAS SE ENCUENTRAN EN PELIGRO DE EXTINCIÓN.

EL CARBONÍFERO

El Carbonífero fue el periodo en el que la vida terrestre estaba dominada por el reino vegetal. Las temperaturas suaves y la humedad favorecieron el crecimiento de bosques y de selvas tropicales pantanosas en las que las plantas hundían sus raíces. Todavía no habían desarrollado flores: ¡no había polen para los insectos gigantes de la época!

Las plantas del género *SPHENOPHYLLUM* formaban densas matas.

Durante el Carbonífero, los helechos proliferaron. Los *ZYGOPTERIDALES* fueron unos de ellos.

En las selvas pantanosas, las *CALAMITES* se elevaban por encima de los 20 m. Sus hojas han dejado restos fósiles que se conocen como *Annularia*.

PSARONIUS era un helecho con forma de palmera.

El orden de las *LEPIDODENDRALES* tenía hojas aciculares, es decir, con forma de aguja, como las hojas de un pino. Se los llama «árboles con escamas» porque su tronco apenas tenía madera y sí una corteza a base de piezas en forma de escamas. Los *Sigillaria* medían más de 30 m de altura.

CASOS RESUELTOS:
LOS FÓSILES VIVIENTES

Algunas especies de animales apenas han evolucionado en millones de años. Son tan parecidas a sus ancestros que parecen auténticos fósiles vivientes. También existen casos de especies que, aunque solo se conocían por sus fósiles y se creían extintas, de pronto fueron descubiertas vivas. ¿Es que resucitaron? No. Simplemente, nunca se habían extinguido (¡pero se habían ocultado muy bien!). ¿Imaginas que un día te encuentras un mamut?

CELACANTO

Esto ocurrió con el celacanto, un pez como los que salieron del agua hace 400 millones de años, y se le creía extinguido con los grandes dinosaurios. ¡Hasta que en 1938 se lo encontró vivo!

TORTUGA GIGANTE DE PINTA

La tortuga gigante de la isla de Pinta, en las Galápagos (Ecuador), se daba por extinta a causa de la caza y la introducción de cabras que la dejaron sin comida. Pero en 1971 se encontró un macho, «Solitario» George. Se intentó emparejarlo con tortugas de especies parecidas, sin éxito. Murió en 2012.

NAUTILUS

Las seis especies vivas de *Nautilus pompilius* son casi idénticas a sus antecesores de hace 400 millones de años. Observar a estos animales parecidos a pulpos con concha permite hacerse idea de cómo eran unos parientes suyos extinguidos, los amonites.

GINGKO BILOBA

Esta planta es el fósil viviente vegetal por antonomasia. Existen fósiles de Gingko que se remontan al Pérmico, es decir, a hace más de 250 millones de años. Es una planta tan resistente que puede defenderse de los ataques de insectos, bacterias y hongos, ¡y hasta de una glaciación!

TUÁTARA

El tuátara de Nueva Zelanda es el único superviviente de un orden de reptiles de hace 250 millones de años. Parece un lagarto, pero tiene características únicas: la mandíbula superior tiene dos filas de dientes, y, la de abajo, una.

SAPILLO BALEAR Y LAGARTO GIGANTE DE LA GOMERA

En España también hay especies redescubiertas. El sapillo balear o *ferreret*, de Mallorca, y el lagarto gigante de La Gomera se conocían solo mediante fósiles hasta que aparecieron vivos en 1980 y 1999, respectivamente.

LA EXTINCIÓN
HUMANA

Nuestro periodo geológico empezó hace unos 12 000 años. Se llama Holoceno (que en griego significa «todo reciente»), pero se ha propuesto renombrarlo como Antropoceno («ser humano nuevo») por cómo alteramos la Tierra, sin pensar en las consecuencias para otras especies... o para nosotros. Nos consideramos tan superiores que, hasta hace poco, pensábamos que éramos el final de la evolución animal. ¡Nos creíamos únicos e imprescindibles! Qué gran error.

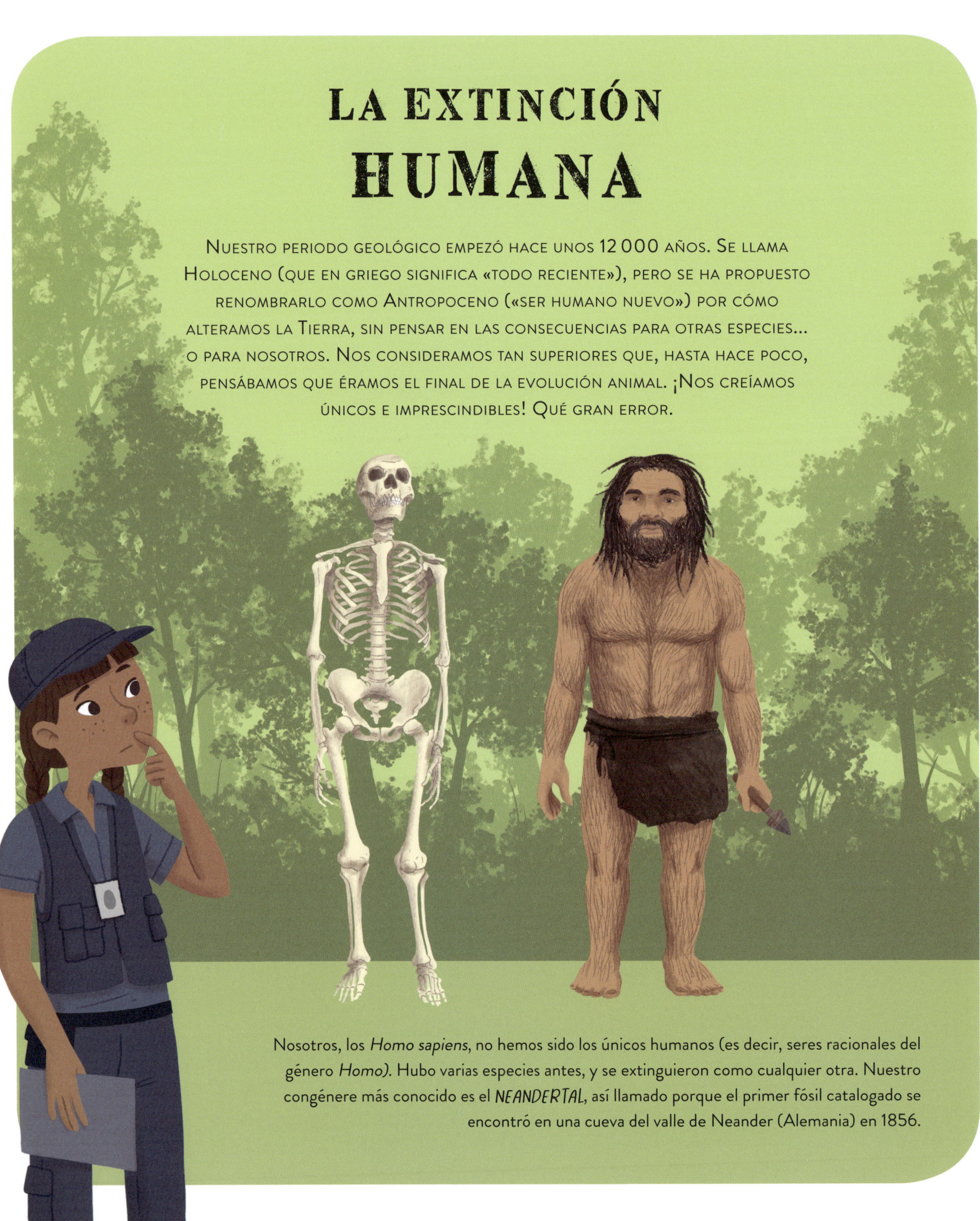

Nosotros, los *Homo sapiens*, no hemos sido los únicos humanos (es decir, seres racionales del género *Homo*). Hubo varias especies antes, y se extinguieron como cualquier otra. Nuestro congénere más conocido es el *NEANDERTAL*, así llamado porque el primer fósil catalogado se encontró en una cueva del valle de Neander (Alemania) en 1856.

Nos costó aceptar que hubo otros humanos y los hemos despreciado, pensando que eran brutos y estúpidos, solo porque su aspecto es distinto al nuestro. Sin embargo, *TENÍAN UNA CULTURA COMPLEJA*. Tallaban herramientas de piedra. Pintaron de forma artística en sus cuevas. Manejaban conceptos simbólicos, asociados a la muerte y quizás a una religión. ¡Y eran capaces de hablar!

La genética ha revelado que los neandertales son más parecidos a nosotros de lo que pensábamos: *MUCHOS TENEMOS GENES SUYOS*, ¡porque tuvieron hijos con nuestros antepasados!

Los neandertales surgieron en Europa mucho antes de que llegara el *Homo sapiens* desde África. Tras nuestra llegada desaparecieron, igual que otros muchos animales en todo el mundo. ¿Fuimos los causantes? El último neandertal *MURIÓ* en lo que hoy es España *HACE UNOS 40 000 AÑOS*. Desde entonces, somos los únicos humanos y no sabemos hasta cuándo existiremos.

EN PELIGRO DE EXTINCIÓN

LA TIERRA ES UN LUGAR ÚNICO. LA GRAN DIVERSIDAD DE ESPECIES QUE COHABITAMOS SOSTENEMOS UN EQUILIBRIO QUE PERPETÚA LA VIDA EN EL PLANETA, Y LA EXTINCIÓN FORMA PARTE DE LAS REGLAS DEL JUEGO: UNAS ESPECIES DESAPARECEN Y OTRAS NACEN. ES EL CICLO DE LA VIDA.

PERO EL SER HUMANO HA DESEQUILIBRADO LA BALANZA. YA LO HEMOS VISTO: NUESTRAS ACCIONES ESTÁN PROVOCANDO EXTINCIONES QUE NO SE PRODUCIRÍAN DE FORMA NATURAL. POR LO TANTO, SOMOS NOSOTROS QUIENES DEBEMOS EVITAR QUE ESTO OCURRA.

La Unión Internacional para la Conservación de la Naturaleza (UICN) elabora la llamada «Lista Roja» de las especies amenazadas. A partir de ella, se activan proyectos de conservación que tratan de recuperar y proteger a las especies que se encuentran en peligro de extinción y sus hábitats. Estas son algunas de las categorías centrales de la lista:

- Preocupación menor
- Casi amenazada
- Vulnerable
- En peligro
- En peligro crítico
- Extinta en estado salvaje

Mariposa monarca

Lobo gris

Caimán negro

Oso polar

Reno

Guepardo

Oso panda

60

De manera global, la *PÉRDIDA DE HÁBITATS* es el mayor problema. Si contaminamos (o hacemos desaparecer) el hábitat de algunas especies, debemos trabajar para restaurarlo y devolverles su hogar. Los diferentes programas de conservación trabajan retirando las especies invasoras que se hayan introducido, limpiando y reduciendo la contaminación, plantando árboles, respetando el área de su espacio...

León del Atlas

Camello salvaje

Rinoceronte negro

Tortuga carey

Al mismo tiempo, *ATENTAMOS DIRECTAMENTE* contra la vida de los animales cuando cazamos o pescamos de forma excesiva; y contra la vida de las plantas cuando talamos los bosques o contaminamos el agua de mares y ríos. Es muy importante tratar de reducir estas prácticas para evitar su extinción.

Tigre

Gorila

Todas estas especies en peligro están *PROTEGIDAS*. En el mundo se llevan a cabo numerosos proyectos de conservación de especies, y muchos surten efecto (así que las especies cambian de categoría). ¡Pero hay mucho que hacer! Si todos ayudamos, seguro que podremos evitar más *EXTINCIONES INNECESARIAS*.

Elefante africano de la sabana